Impressum
Verlag: BABADADA GmbH, Nedderfeld 112 , 22529 Hamburg
Geschäftsführer / Verlagsleitung: Harald Hof
Druck: Books on Demand GmbH, In de Tarpen 42, 22848 Norderstedt

Imprint
Publisher: BABADADA GmbH, Nedderfeld 112 , 22529 Hamburg, Germany
Managing Director / Publishing direction: Harald Hof
Print: Books on Demand GmbH, In de Tarpen 42, 22848 Norderstedt

学校

koulu

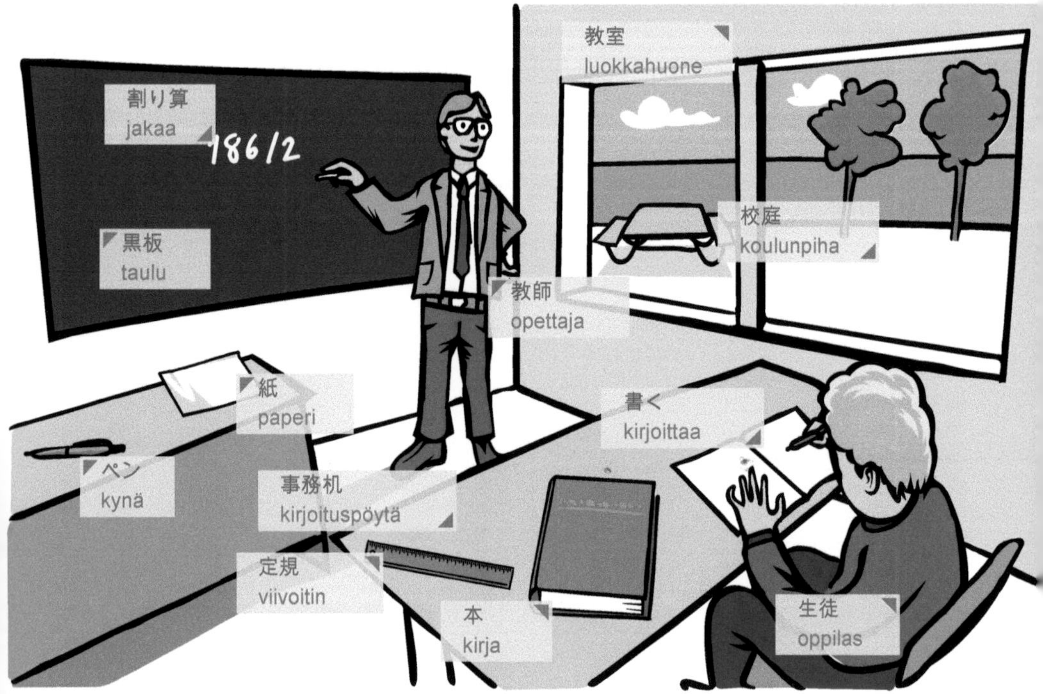

教室
luokkahuone
割り算
jakaa
186/2
黒板
taulu
校庭
koulunpiha
教師
opettaja
紙
paperi
書く
kirjoittaa
ペン
kynä
事務机
kirjoituspöytä
定規
viivoitin
本
kirja
生徒
oppilas

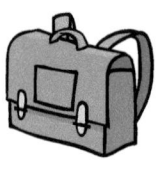

ランドセル

reppu

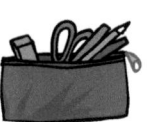

筆入れ

penaali

鉛筆

lyijykynä

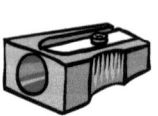

鉛筆削り

kynänteroitin

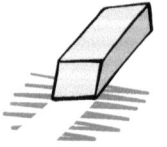

消しゴム

pyyhekumi

スケッチブック

piirustuslehtiö

スケッチ

piirustus

絵筆

pensseli

絵の具箱

vesivärit

はさみ

sakset

接着剤

liima

練習帳

harjoituskirja

宿題

kotitehtävä

数

luku

足し算

lisätä

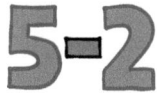

引き算

vähentää

かけ算

kertoa

計算する

laskea

文字

kirjain

アルファベット

aakkoset

単語

sana

テキスト

teksti

読む

lukea

チョーク

liitu

授業

oppitunti

学級日誌

opettajan muistikirja

試験

koe

通知表

todistus

制服

koulupuku

教育

koulutus

百科事典

sanakirja

大学

yliopisto

顕微鏡

mikroskooppi

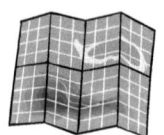

地図

kartta

ごみ箱

roskakori

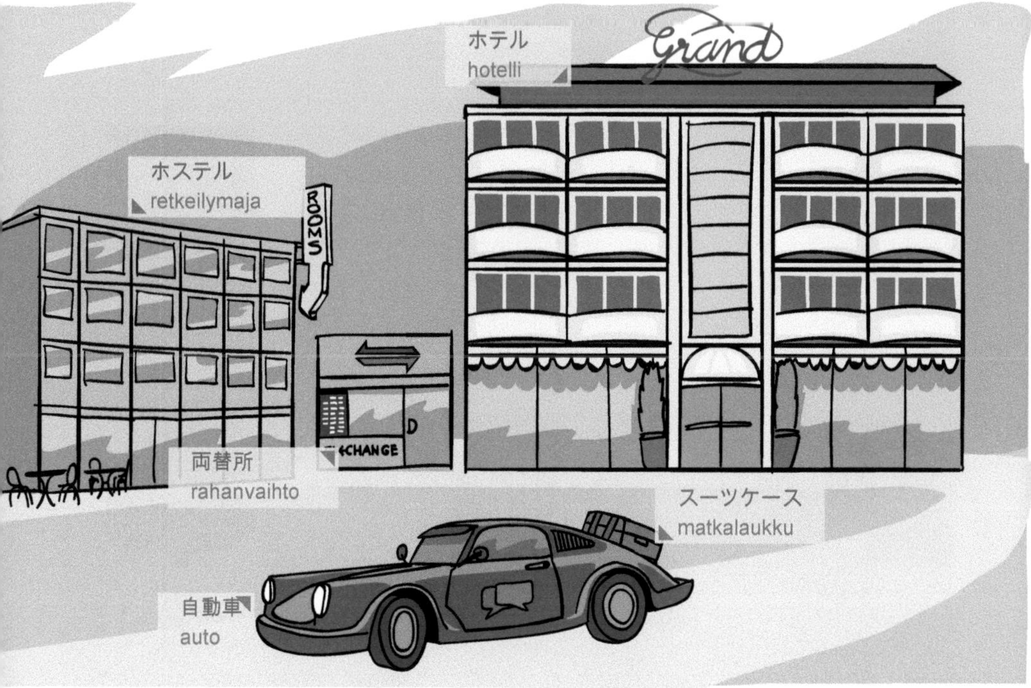

Grand
ホテル
hotelli
ホステル
retkeilymaja
ROOMS
CHANGE
両替所
rahanvaihto
スーツケース
matkalaukku
自動車
auto

言語

kieli

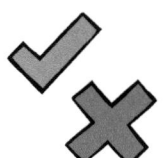

はい / いいえ

kyllä / ei

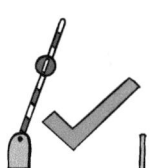

問題ない

selvä

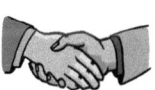

ハロー

hei

翻訳者

tulkki

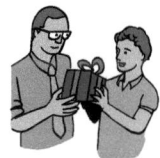

ありがとう

kiitos

…はいくらですか？

Paljonko...maksaa?

わかりません

en ymmärrä

問題

ongelma

こんばんは！

Hyvää iltaa!

おはようございます！

Hyvää huomenta!

おやすみなさい！

Hyvää yötä!

さようなら

näkemiin

方向

suunta

手荷物

matkatavarat

バッグ

laukku

リュックサック

reppu

お客様

vieras

部屋

huone

寝袋

makuupussi

テント

teltta

旅行者情報

turisti-info

ビーチ

ranta

クレジットカード

luottokortti

朝食

aamupala

昼食

lounas

夕食

päivällinen

チケット

matkalippu

エレベーター

hissi

スタンプ

postimerkki

境界

raja

税関

tulli

大使館

suurlähetystö

ビザ

viisumi

パスポート

passi

旅行 - matka

輸送

kuljetus

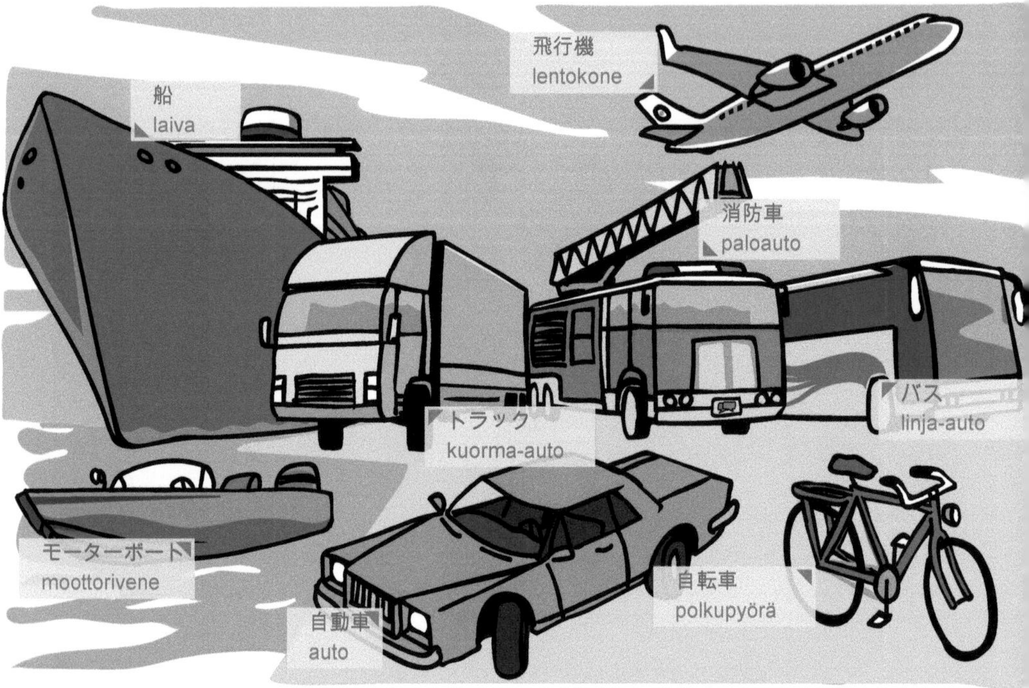
飛行機
lentokone
船
laiva
消防車
paloauto
バス
linja-auto
トラック
kuorma-auto
モーターボート
moottorivene
自転車
polkupyörä
自動車
auto

フェリー

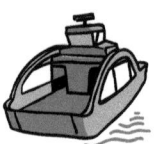

lautta

ボート

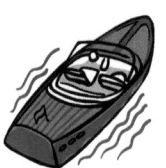

vene

バイク

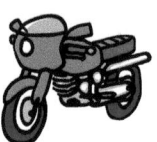

moottoripyörä

パトカー

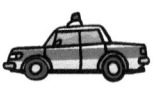

poliisiauto

レーシングカー

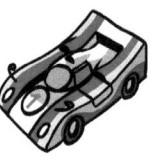

kilpa-auto

レンタカー

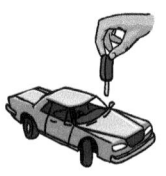

vuokra-auto

カーシェアリング

car sharing

レッカー車

hinausauto

ごみ収集車

roska-auto

モーター

moottori

燃料

polttoaine

ガソリンスタンド

huoltoasema

交通標識

liikennemerkki

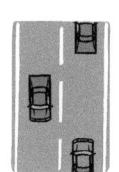

交通

liikenne

渋滞

ruuhka

駐車場

parkkipaikka

駅

rautatieasema

道

raiteet

列車

juna

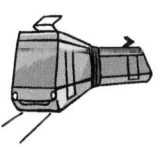

路面電車

raitiovaunu

車両

vaunu

ヘリコプター

helikopteri

空港

lentokenttä

タワー

lähilennonjohto

乗客

matkustaja

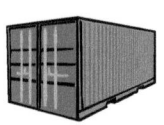

コンテナ

kontti

段ボール箱

pahvilaatikko

カート

kärryt

カゴ

kori

離陸 / 着陸

nousta / laskea

都市
kaupunki

村

kylä

都心

keskusta

家

talo

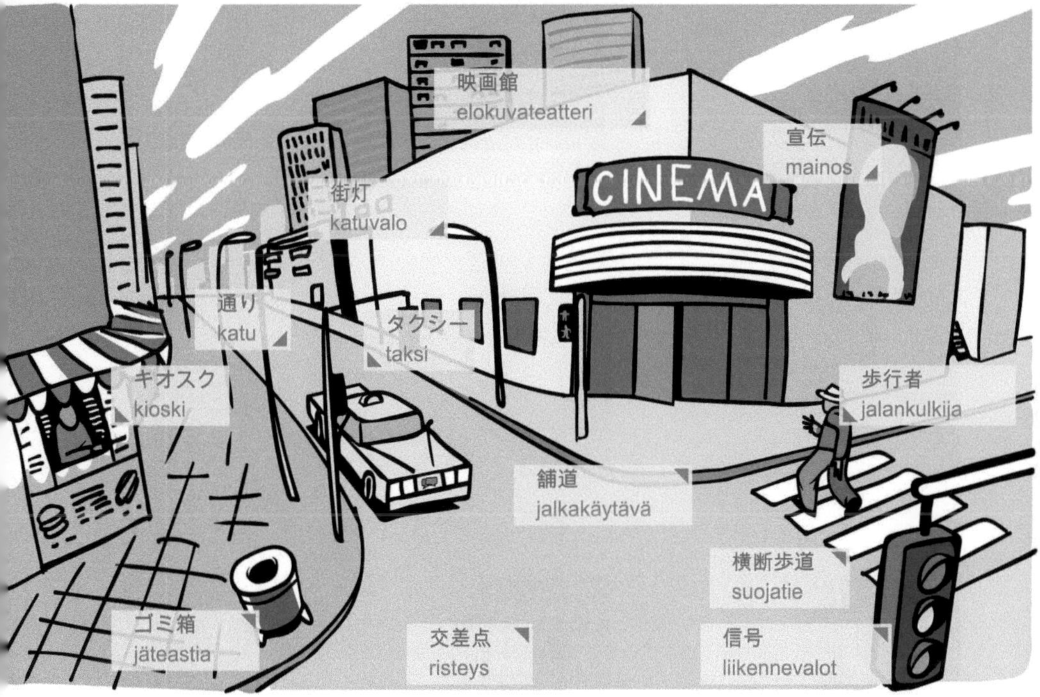

CINEMA
映画館
elokuvateatteri
宣伝
mainos
街灯
katuvalo
通り
katu
タクシー
taksi
キオスク
kioski
歩行者
jalankulkija
舗道
jalkakäytävä
横断歩道
suojatie
ゴミ箱
jäteastia
交差点
risteys
信号
liikennevalot

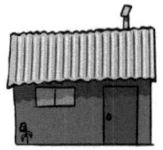

小屋

mökki

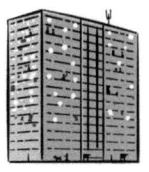

アパート

kerrostalo

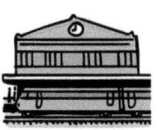

駅

rautatieasema

市役所

kaupungintalo

MUSEUM

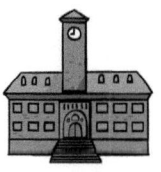

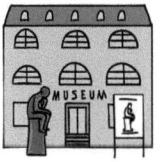

美術館

museo

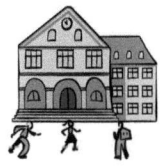

学校

koulu

大学

yliopisto

銀行

pankki

病院

sairaala

ホテル

hotelli

薬局

apteekki

オフィス

toimisto

書店

kirjakauppa

ショップ

liike

花屋

kukkakauppa

スーパーマーケット

supermarketti

市場

tori

デパート

tavaratalo

魚屋

kalakauppias

ショッピングセンター

ostoskeskus

港

satama

都市 - kaupunki

公園
puisto

ベンチ
penkki

橋
silta

階段
portaat

地下鉄
metro

トンネル
tunneli

バス停
linja-autopysäkki

バー
baari

レストラン
ravintola

ポスト
postilaatikko

道路標識
katukyltti

パーキングメーター
parkkimittari

動物園
eläintarha

スイミングプール
uimala

モスク
moskeija

農場
maatila

汚染
ympäristön saastuminen

墓地
hautausmaa

教会
kirkko

遊び場
leikkikenttä

寺
temppeli

風景

maisema

葉
lehti

道標
tienviitta

道
tie

草地
niitty

石
kivi

木
puu

ハイカー
retkeilijä

川
joki

草
ruoho

花
kukka

谷

laakso

山

vuori

湖

järvi

森

metsä

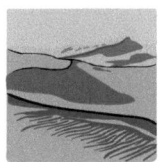

砂漠

aavikko

火山

tulivuori

城

linna

虹

sateenkaari

キノコ

sieni

ヤシの木

palmu

蚊

hyttynen

ハエ

kärpänen

蟻

muurahainen

ミツバチ

mehiläinen

クモ

hämähäkki

風景 - maisema

カブトムシ

kovakuoriainen

蛙

sammakko

リス

orava

ハリネズミ

siili

ウサギ

jänis

フクロウ

pöllö

鳥

lintu

白鳥

joutsen

雄豚

villisika

鹿

peura

ヘラジカ

hirvi

ダム

pato

風力タービン

tuulimylly

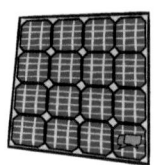

ソーラーパネル

aurinkopaneeli

気候

ilmasto

レストラン

ravintola

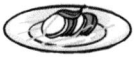

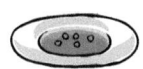

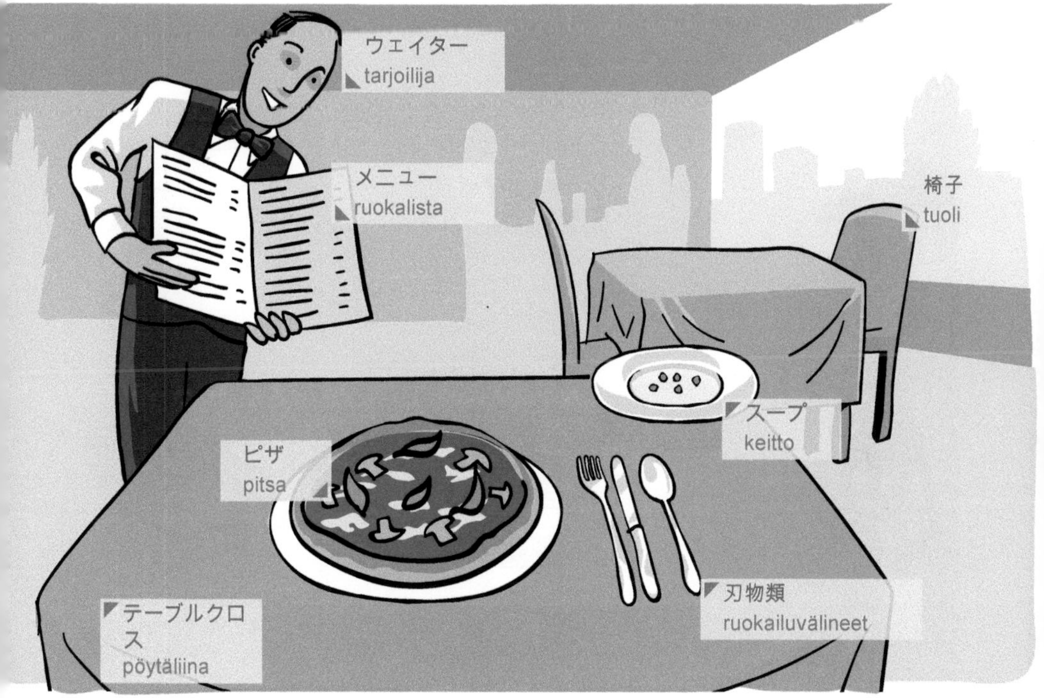
ウェイター
tarjoilija
メニュー
ruokalista
椅子
tuoli
スープ
keitto
ピザ
pitsa
刃物類
ruokailuvälineet
テーブルクロス
pöytäliina

前菜

alkuruoka

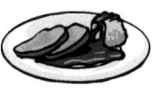

メインコース

pääruoka

デザート

jälkiruoka

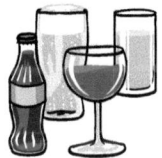

飲み物

juomat

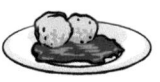

食べ物

ruoka

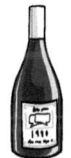

ボトル

pullo

ファストフード

pikaruoka

屋台の食べ物

katuruoka

ティーポット

teekannu

砂糖入れ

sokeriastia

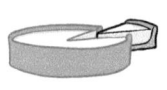

一人前

annos

エスプレッソマシン

espressokeitin

幼児用食事椅子

syöttötuoli

請求書

lasku

トレー

tarjotin

ナイフ

veitsi

フォーク

haarukka

スプーン

lusikka

ティースプーン

teelusikka

ナプキン

servietti

グラス

lasi

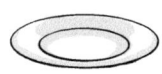

皿
lautanen

スープ皿
syvä lautanen

受け皿
aluslautanen

ソース
kastike

塩入れ
suolasirotin

ペッパーミル
pippurimylly

酢
etikka

油
öljy

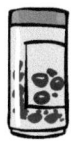

スパイス
mausteet

ケチャップ
ketsuppi

マスタード
sinappi

マヨネーズ
majoneesi

スーパーマーケット

supermarketti

特価品
tarjous
FOR
顧客
asiakas
乳製品
maitotuotteet
果物
hedelmät
ショッピング・カート
ostoskärryt

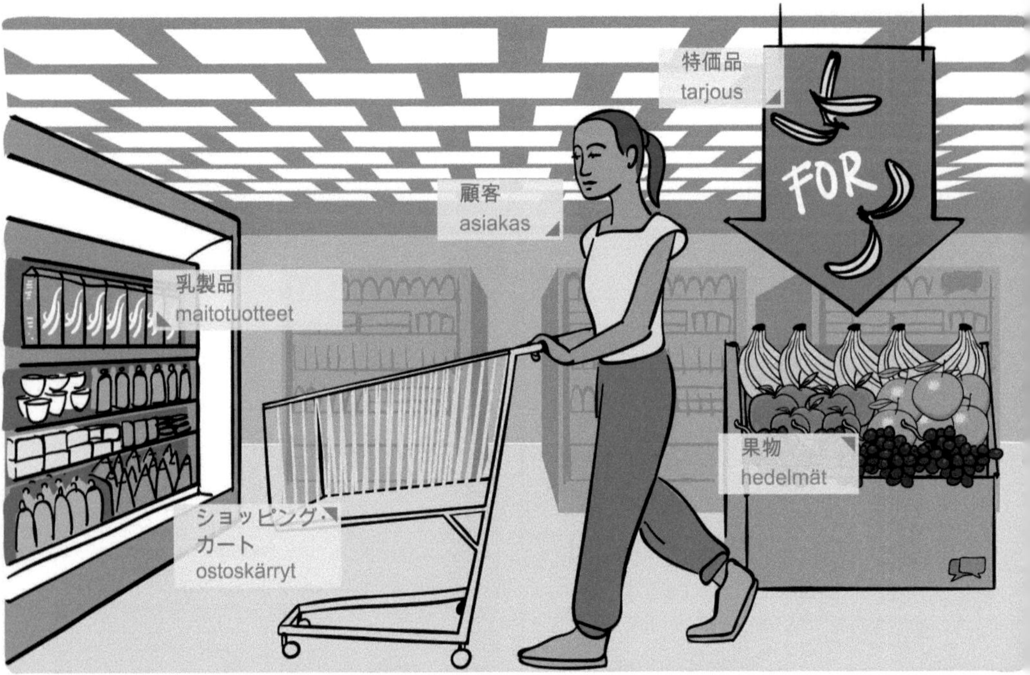

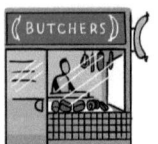

BUTCHERS

肉屋

teurastamo

BAKERY

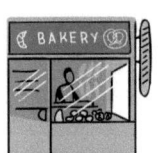

パン屋

leipomo

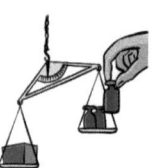

重さをはかる

punnita

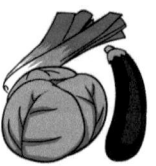

野菜

kasvikset

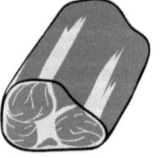

肉

liha

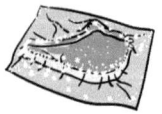

冷凍食品

pakasteet

冷肉の薄切り

leikkele

缶詰食品

säilykkeet

洗剤

pesujauhe

菓子

makeiset

家庭用品

kotitaloustarvikkeet

清掃用品

puhdistusaineet

販売員

myyjä

現金箱

kassa

レジ係

kassanhoitaja

買い物リスト

ostoslista

開館時刻

aukioloajat

財布

lompakko

クレジットカード

luottokortti

バッグ

kassi

ポリ袋

muovipussi

スーパーマーケット - supermarketti

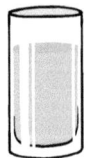

水

vesi

ジュース

mehu

牛乳

maito

コーラ

kokis

ワイン

viini

ビール

olut

アルコール

alkoholi

ココア

kaakao

紅茶

tee

コーヒー

kahvi

エスプレッソ

espresso

カプチーノ

cappuccino

バナナ

banaani

リンゴ

omena

オレンジ

appelsiini

メロン

meloni

レモン

sitruuna

ニンジン

porkkana

ニンニク

valkosipuli

竹

bambu

玉ねぎ

sipuli

キノコ

sieni

ナッツ

pähkinät

ヌードル

spagetti

スパゲッティ

spagetti

米

riisi

サラダ

salaatti

フライドポテト

ranskalaiset

フライドポテト

paistetut perunat

ピザ

pitsa

ハンバーガー

hampurilainen

サンドウィッチ

voileipä

カツレツ

leike

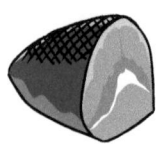

ハム

kinkku

サラミ

salami

ソーセージ

makkara

鶏肉

kana

焼き

paisti

魚

kala

麦のお粥

kaurahiutaleet

ムーズリ

mysli

コーンフレーク

murot

小麦粉

jauho

クロワッサン

voisarvi

ロールパン

sämpylä

パン

leipä

トースト

paahtoleipä

ビスケット

keksit

バター

voi

カッテージチーズ

rahka

ケーキ

kakku

卵

kananmuna

目玉焼き

paistettu kananmuna

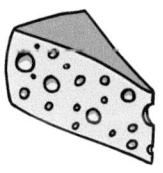

チーズ

juusto

アイスクリーム

jäätelö

砂糖

sokeri

はちみつ

hunaja

ジャム

hillo

ヌガークリーム

suklaapähkinälevite

カレー

curry

農場

maatila

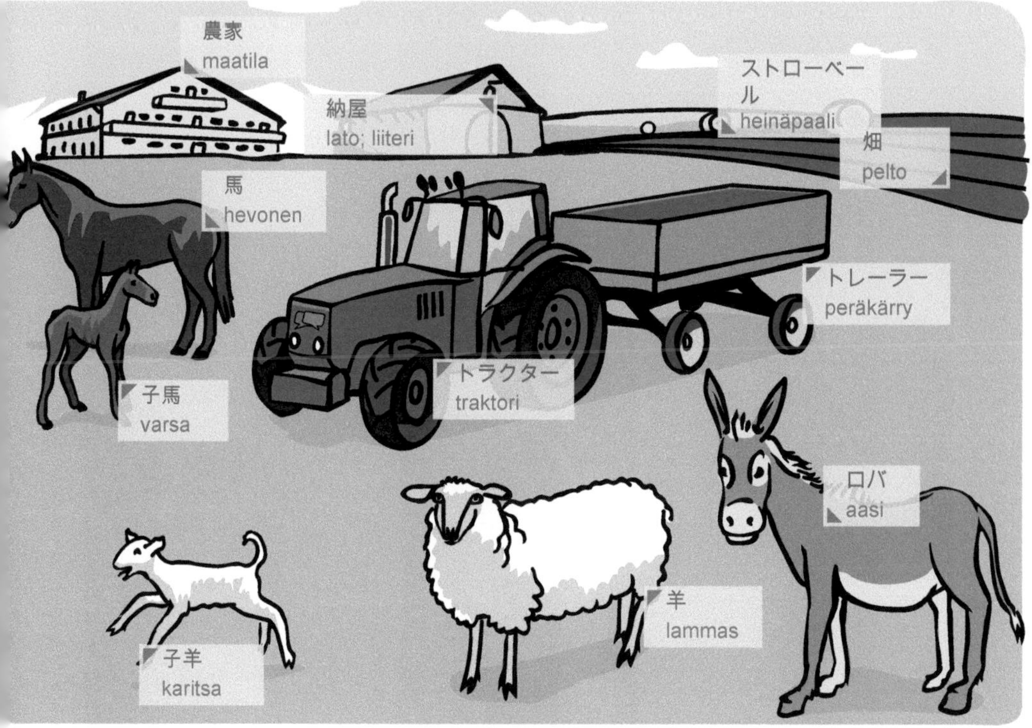

農家
maatila
納屋
lato; liiteri
ストローベール
heinäpaali
畑
pelto
馬
hevonen
トレーラー
peräkärry
トラクター
traktori
子馬
varsa
ロバ
aasi
羊
lammas
子羊
karitsa

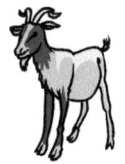

ヤギ

vuohi

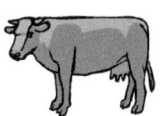

雌牛

lehmä

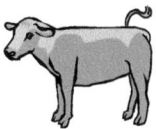

子牛

vasikka

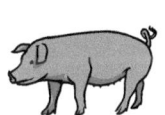

豚

sika

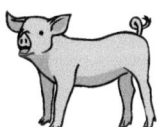

子豚

porsas

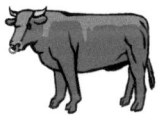

雄牛

sonni

ガチョウ

hanhi

アヒル

ankka

ひよこ

tipu

にわとり

kana

おんどり

kukko

ネズミ

rotta

猫

kissa

ねずみ

hiiri

雄牛

härkä

犬

koira

犬小屋

koirankoppi

散水ホース

puutarhaletku

じょうろ

kastelukannu

大鎌

viikate

すき

aura

草刈り鎌

sirppi

くわ

kuokka

堆肥用フォーク

talikko

斧

kirves

手押し車

kottikärryt

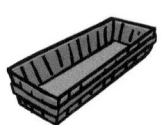

かいばおけ

kaukalo

牛乳缶

maitokannu

袋

säkki

フェンス

aita

畜舎

talli

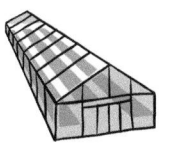

温室

kasvihuone

土壌

maa

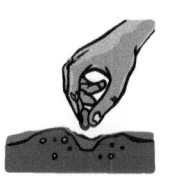

種

siemen

肥料

lannoite

コンバイン

leikkuupuimuri

収穫する
kerätä sato

収穫
sato

ヤマイモ
jamssit

小麦
vehnä

大豆
soija

じゃがいも
peruna

トウモロコシ
maissi

菜種
rypsi

果樹
hedelmäpuu

キャッサバ
maniokki

穀物
vilja

家

talo

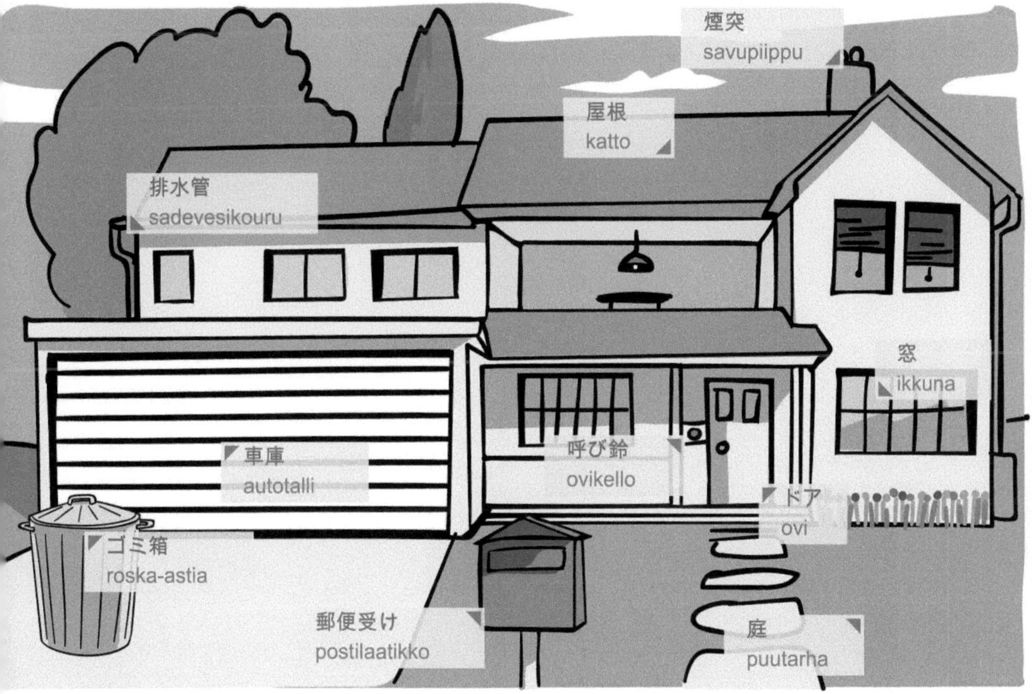

煙突
savupiippu
屋根
katto
排水管
sadevesikouru
窓
ikkuna
車庫
autotalli
呼び鈴
ovikello
ドア
ovi
ゴミ箱
roska-astia
郵便受け
postilaatikko
庭
puutarha

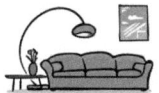

リビングルーム

olohuone

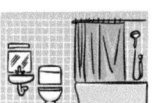

浴室

kylpyhuone

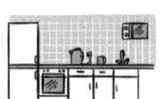

台所

keittiö

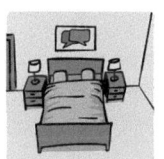

寝室

makuuhuone

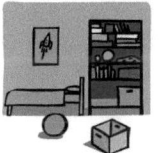

子供部屋

lastenhuone

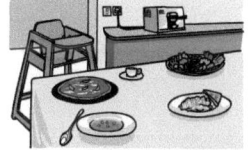

ダイニング・ ルーム

ruokahuone

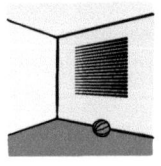

床
lattia

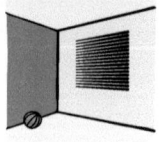

壁
seinä

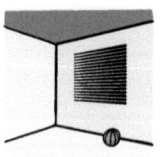

天井
katto

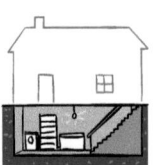

地下貯蔵庫
kellari

サウナ
sauna

バルコニー
parveke

テラス
terassi

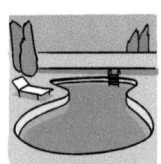

プール
uima-allas

芝刈り機
ruohonleikkuri

シーツ
lakana

ベッドカバー
päiväpeitto

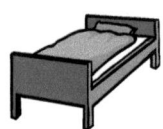

ベッド
sänky

ほうき
harja

バケツ
ämpäri

スイッチ
katkaisin

リビングルーム
olohuone

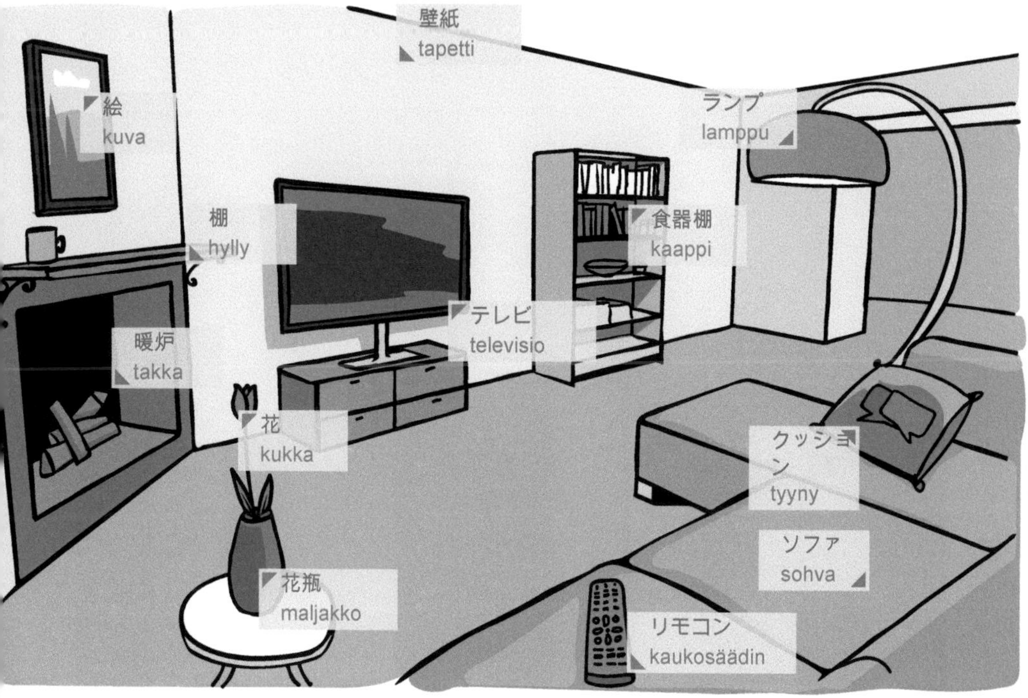
壁紙
tapetti
絵
kuva
ランプ
lamppu
棚
hylly
食器棚
kaappi
テレビ
televisio
暖炉
takka
花
kukka
クッション
tyyny
ソファ
sohva
花瓶
maljakko
リモコン
kaukosäädin

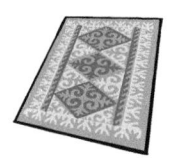

カーペット
matto

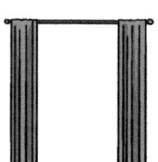

カーテン
verho

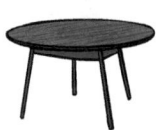

テーブル
pöytä

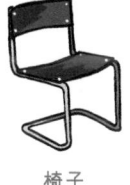

椅子
tuoli

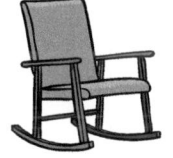

ロッキングチェア
keinutuoli

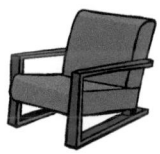

ひじ掛け椅子
nojatuoli

本
kirja

毛布
peitto

飾り
koriste

たきぎ
polttopuut

映画
elokuva

ステレオ
stereot

鍵
avain

新聞
sanomalehti

絵画
maalaus

ポスター
juliste

ラジオ
radio

メモ帳
muistivihko

掃除機
pölynimuri

サボテン
kaktus

ろうそく
kynttilä

台所
keittiö

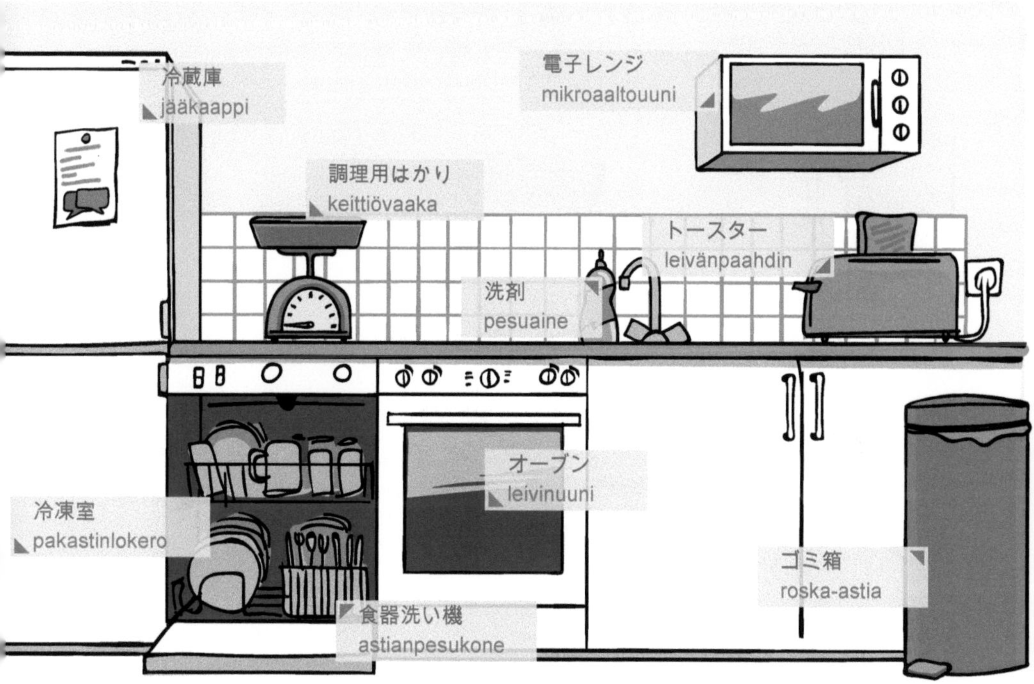

冷蔵庫
jääkaappi
電子レンジ
mikroaaltouuni
調理用はかり
keittiövaaka
トースター
leivänpaahdin
洗剤
pesuaine
オーブン
leivinuuni
冷凍室
pakastinlokero
ゴミ箱
roska-astia
食器洗い機
astianpesukone

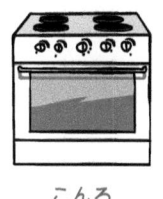

こんろ
liesi

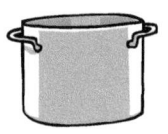

鍋
kattila

鉄鍋
rautapata

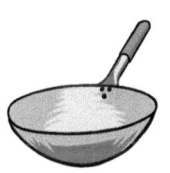

中華鍋/ カダイ鍋
vokkipannu / kadai-pannu

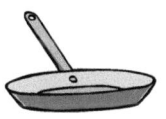

フライパン
paistinpannu

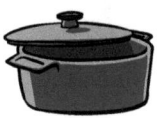

やかん
teepannu

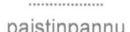

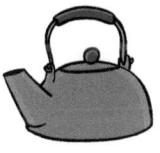

蒸し器

höyrykeitin

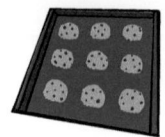

天板

uunipelti

食器

astiat

マグカップ

muki

ボウル

kulho

箸

syömäpuikot

おたま

kauha

へら

paistinlasta

泡立て器

vispilä

こし器

siivilä

ふるい

siivilä

すりおろし器

raastin

すり鉢

mortteli

バーベキュー

grilli

かまど

avotuli

まな板

leikkuulauta

麺棒

kaulin

栓抜き

korkinavaaja

缶

purkki

缶切り

purkinavaaja

鍋つかみ

pannulappu

流し

lavuaari

ブラシ

tiskiharja

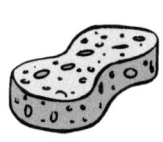

スポンジ

pesusieni

ミキサー

tehosekoitin

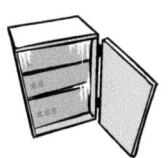

冷凍庫

pakastin

哺乳瓶

tuttipullo

蛇口

vesihana

浴室

kylpyhuone

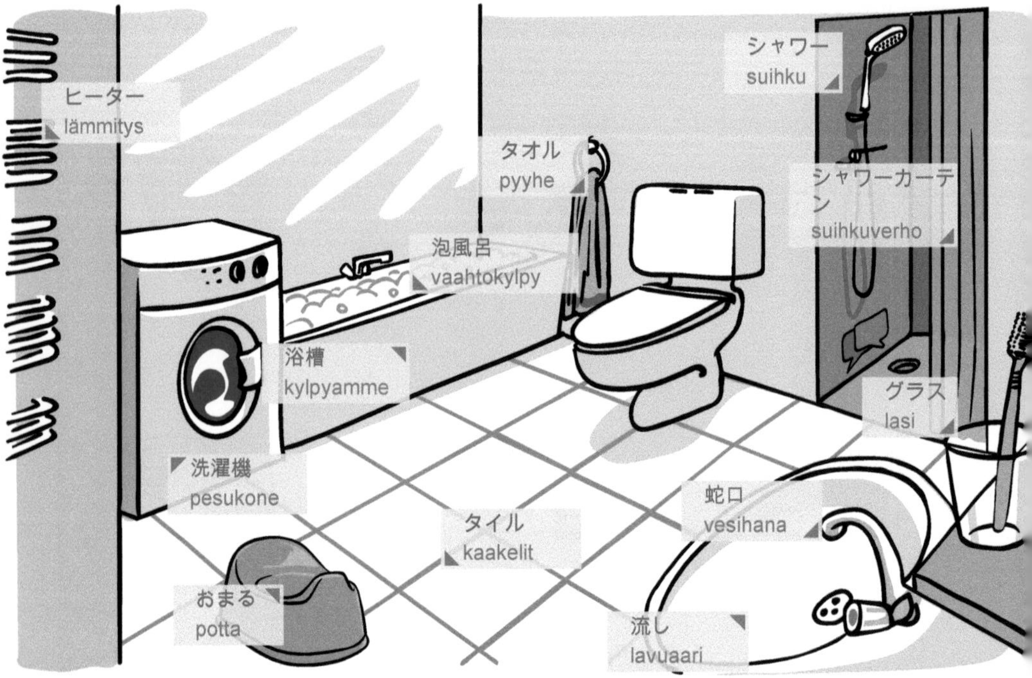
ヒーター
lämmitys
タオル
pyyhe
シャワー
suihku
シャワーカーテン
suihkuverho
泡風呂
vaahtokylpy
浴槽
kylpyamme
洗濯機
pesukone
グラス
lasi
蛇口
vesihana
タイル
kaakelit
おまる
potta
流し
lavuaari

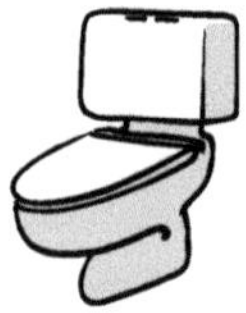

トイレ

vessa

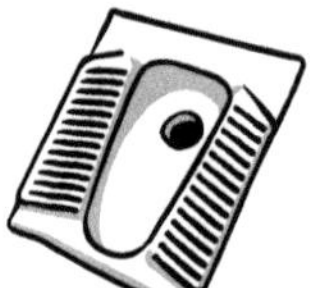

和式トイレ

kyykkyvessa

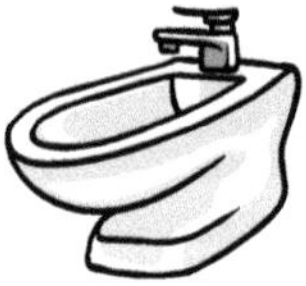

ビデ

bidee

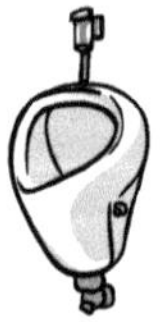

小便器

pisuaari

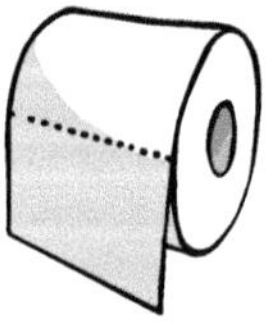

トイレットペーパー

vessapaperi

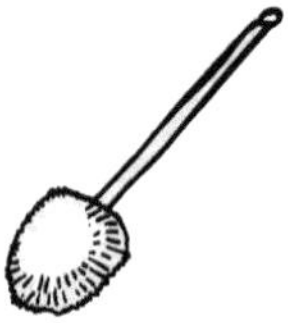

トイレブラシ

vessaharja

歯ブラシ

hammasharja

歯みがき

hammastahna

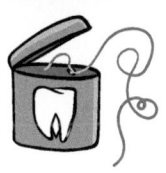

デンタルフロス

hammaslanka

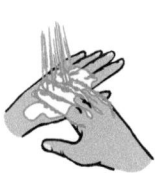

洗う

pestä

シャワーヘッド

käsisuihku

ハンドビデ

intiimisuihku

洗面台

pesuvati

ボディブラシ

selkäharja

石鹸

saippua

シャワー用ジェル

suihkugeeli

シャンプー

shampoo

浴用タオル

pesulappu

排水口

viemäri

クリーム

voide

消臭

deodorantti

浴室 - kylpyhuone

鏡

peili

手鏡

käsipeili

かみそり

partaveitsi

シェービング・フォーム

partavaahto

アフターシェーブローショ
ン

partavesi

櫛

kampa

ブラシ

harja

ドライヤー

hiustenkuivaaja

ヘアスプレー

hiuslakka

化粧

meikki

口紅

huulipuna

マニキュア

kynsilakka

脱脂綿

pumpuli

爪切り

kynsisakset

香水

hajuvesi

洗面用具入れ

kosmetiikkalaukku

スツール

jakkara

体重計

vaaka

バスローブ

kylpytakki

ゴム手袋

kumihansikkaat

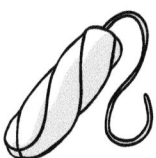

タンポン

tamponi

生理用ナプキン

terveysside

ケミカルトイレ

kemiallinen wc

子供部屋
lastenhuone

目覚まし時計
herätyskello
ぬいぐるみ
pehmolelu
おもちゃの自動車
leikkiauto
がらがら
helistin
ドール・ハウス
nukkekoti
プレゼント
lahja

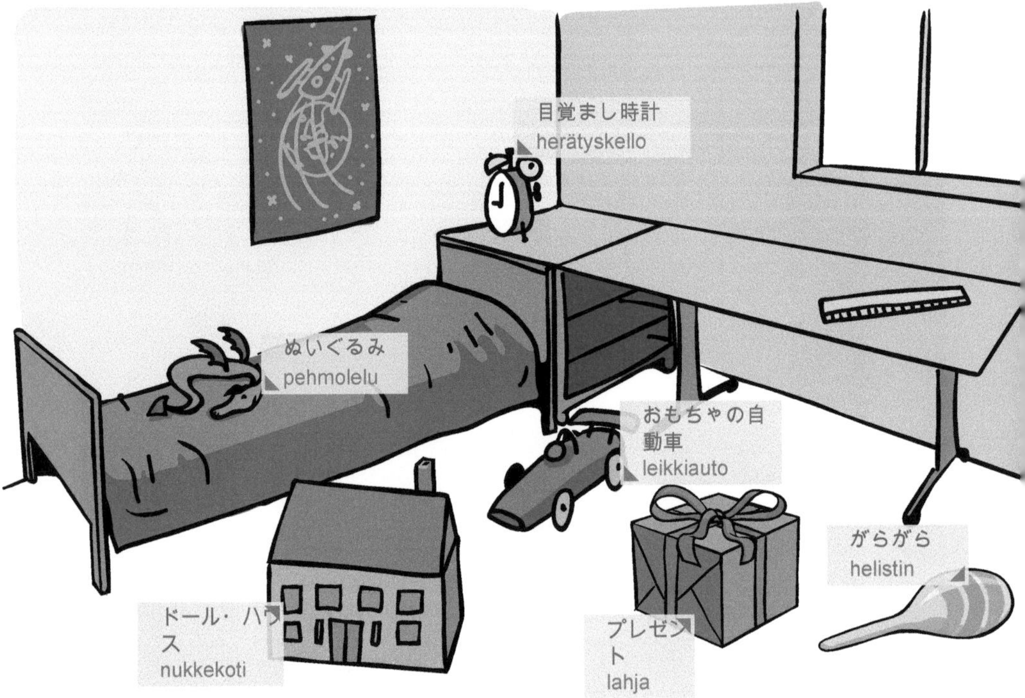

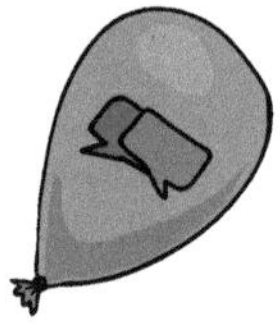

風船

ilmapallo

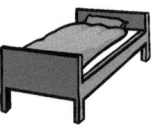

ベッド

sänky

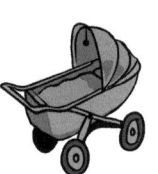

ベビーカー

lastenvaunut

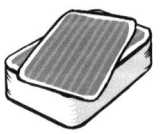

カードゲーム

korttipeli

ジグソーパズル

palapeli

SUPER
MEGA

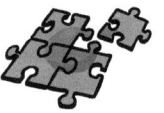

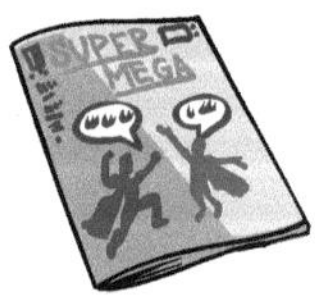

漫画

sarjakuva

レゴ
legopalikat

玩具ブロック
rakennuspalikat

アクションフィギュア
supersankari

ロンパース
potkupuku

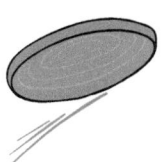

フリスビー
frisbee

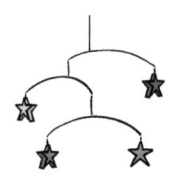

モバイル
mobile

ボードゲーム
lautapeli

さいころ
noppa

鉄道模型
pienoisjunarata

おしゃぶり
tutti

パーティー
juhlat

絵本
kuvakirja

ボール
pallo

人形
nukke

遊ぶ
leikkiä

砂場

hiekkalaatikko

ブランコ

keinu

おもちゃ

lelut

ゲーム機

pelikonsoli

三輪車

kolmipyörä

テディベア

nalle

衣装ダンス

vaatekaappi

衣服

vaatteet

靴下

sukat

ストッキング

nylonsukat

タイツ

sukkahousut

スカーフ
kaulaliina

ベルト
vyö

雨傘
sateenvarjo

Tシャツ
t-paita

ブーツ
saappaat

スリッパ
sisätossut

スニーカー
lenkkarit

サンダル
sandaalit

靴
kengät

ゴム長靴
kumisaappaat

パンツ
alushousut

ブラ
rintaliivit

ベスト
aluspaita

衣服 - vaatteet

ボディースーツ

body

ズボン

housut

ジーンズ

farkut

スカート

hame

ブラウス

pusero

シャツ

paita

セーター

villapaita

パーカー

collegepaita

ブレザー

jakku

ジャケット

takki

コート

takki

レインコート

sadetakki

服装

puku

ドレス

mekko

ウェディングドレス

hääpuku

スーツ
puku

ナイトガウン
yöpaita

パジャマ
pyjama

サリー
shari

ヘッドスカーフ
päähuivi

ターバン
turbaani

ブルカ
burka

カフタン
kaftaani

アバヤ
abaya

水着
uimapuku

トランクス
uimahousut

半ズボン
shortsit

スウェット・スーツ
verkkarit

エプロン
esiliina

手袋
käsineet

ボタン
nappi

メガネ
silmälasit

ブレスレット
rannekoru

ネックレス
kaulakoru

指輪
sormus

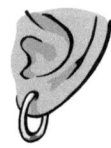

イヤリング
korvakoru

帽子
lippalakki

ハンガー
ripustin

帽子
hattu

ネクタイ
solmio

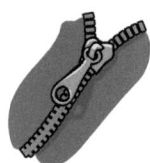

ファスナー
vetoketju

ヘルメット
kypärä

サスペンダー
henkselit

制服
koulupuku

ユニフォーム
univormu

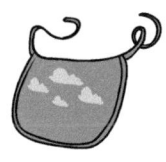

よだれかけ

ruokalappu

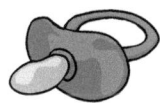

おしゃぶり

tutti

おむつ

vaippa

オフィス
toimisto

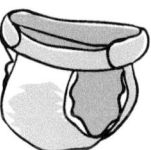

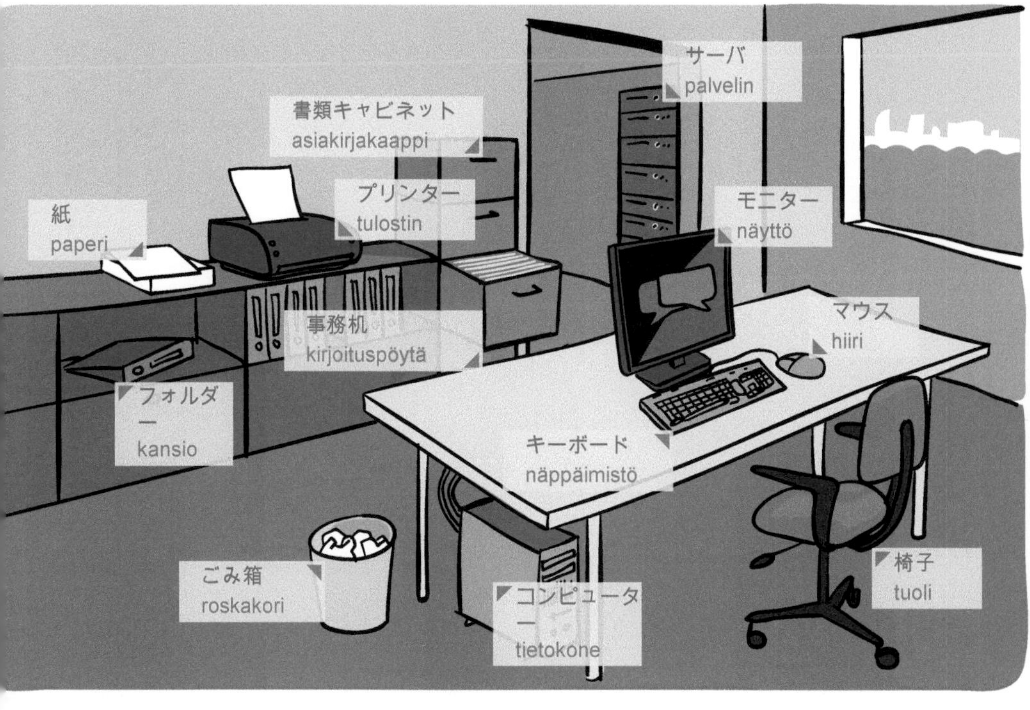
サーバ
palvelin
書類キャビネット
asiakirjakaappi
プリンター
tulostin
紙
paperi
モニター
näyttö
マウス
hiiri
事務机
kirjoituspöytä
フォルダー
kansio
キーボード
näppäimistö
ごみ箱
roskakori
椅子
tuoli
コンピューター
tietokone

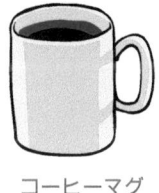

コーヒーマグ

kahvimuki

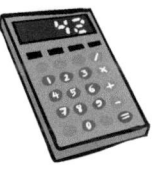

計算機

taskulaskin

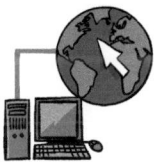

インターネット

internet

ラップトップ

kannettava tietokone

手紙

kirje

メッセージ

viesti

携帯電話

kännykkä

ネットワーク

verkko

コピー機

kopiokone

ソフトウェア

ohjelmisto

電話

puhelin

コンセント

pistorasia

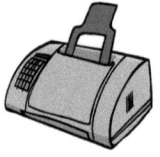

ファックス

faksi

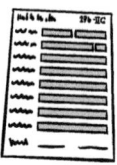

フォーム

lomake

書類

asiakirja

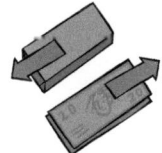

買う

ostaa

支払う

maksaa

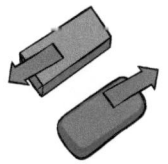

取引する

vaihtaa

お金

raha

 **USD**

ドル

dollari

 **EUR**

ユーロ

euro

 **JPY**

円

jeni

 **RUB**

ルーブル

rupla

 **CHF**

スイスフラン

frangi

 **CNY**

人民元

renminbi juan

 **INR**

ルピー

rupia

キャッシュポイント

pankkiautomaatti

両替所

rahanvaihto

金

kulta

銀

hopea

油

öljy

エネルギー

energia

価格

hinta

契約

sopimus

税金

vero

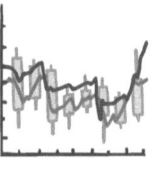

株

osake

働く

työskennellä

従業員

työntekijä

雇用主

työnantaja

工場

tehdas

ショップ

liike

警察官
poliisi

消防士
palomies

コック
kokki

医師
lääkäri

パイロット
lentäjä

庭師
puutarhuri

大工
puuseppä

お針子
ompelija

裁判官
tuomari

化学者
kemisti

俳優
näyttelijä

バスの運転手

linja-autonkuljettaja

タクシー運転手

taksinkuljettaja

漁師

kalastaja

掃除婦

siivooja

屋根ふき職人

katontekijä

ウェイター

tarjoilija

ハンター

metsästäjä

塗装工

maalari

パン屋

leipuri

電気工

sähköasentaja

建設作業員

rakentaja

エンジニア

insinööri

肉屋

teurastaja

配管工

putkiasentaja

郵便配達人

postinjakaja

軍人

sotilas

建築家

arkkitehti

レジ係

kassanhoitaja

花屋

floristi

美容師

kampaaja

車掌

konduktööri

機械工

mekaanikko

キャプテン

kapteeni

歯科医

hammaslääkäri

科学者

tiedemies

ラビ

rabbi

イスラム導師

imaami

修道士

munkki

牧師

pappi

道具
työkalut

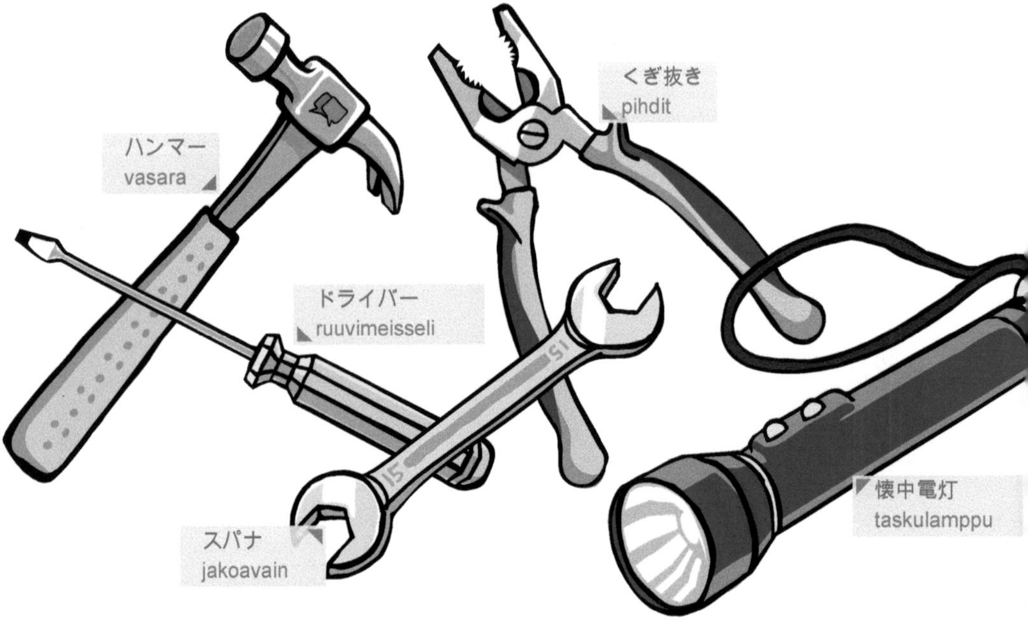

ハンマー
vasara
くぎ抜き
pihdit
ドライバー
ruuvimeisseli
スパナ
jakoavain
懐中電灯
taskulamppu

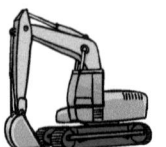

掘削機
kaivinkone

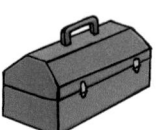

道具箱
työkalupakki

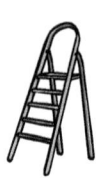

はしご
tikkaat

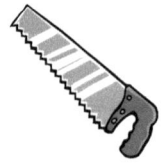

のこぎり
saha

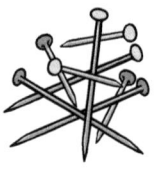

釘
naulat

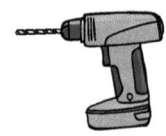

ドリル
pora

修理する

korjata

シャベル

lapio

クソ！

Hitto!

ちりとり

rikkalapio

ペンキ缶

maalipurkki

ネジ

ruuvit

楽器

soittimet

スピーカー
kaiuttimet

打楽器
rummut

ギター
kitara

コントラバス
kontrabasso

トランペット
trumpetti

ピアノ

piano

バイオリン

viulu

バス

basso

ティンパニ

patarummut

ドラム

rumpu

キーボード

kosketinsoitin

サックス

saksofoni

フルート

huilu

マイクロフォン

mikrofoni

動物園

eläintarha

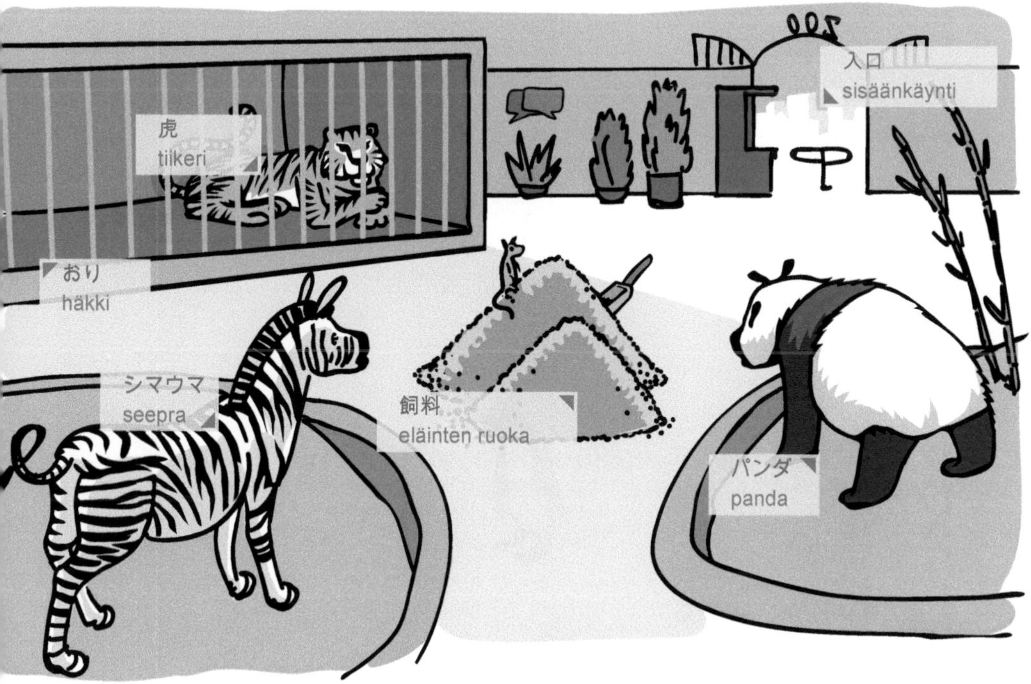
入口
sisäänkäynti
虎
tiikeri
おり
häkki
シマウマ
seepra
飼料
eläinten ruoka
パンダ
panda

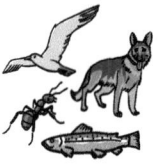

動物

eläimet

象

norsu

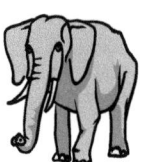

カンガルー

kenguru

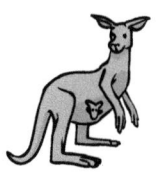

サイ

sarvikuono

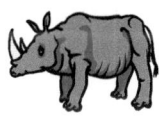

ゴリラ

gorilla

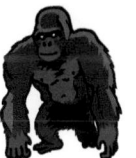

熊

karhu

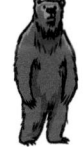

ラクダ

kameli

ダチョウ

strutsi

ライオン

leijona

猿

apina

フラミンゴ

flamingo

オウム

papukaija

白クマ

jääkarhu

ペンギン

pingviini

サメ

hai

クジャク

riikinkukko

蛇

käärme

ワニ

krokotiili

飼育係

eläintarhanhoitaja

アザラシ

hylje

ジャガー

jaguaari

ポニー

poni

ヒョウ

leopardi

カバ

virtahepo

キリン

kirahvi

鷲

kotka

雄豚

villisika

魚

kala

亀

kilpikonna

セイウチ

mursu

狐

kettu

ガゼル

gaselli

スポーツ
urheilu

アメフト
amerikkalainen jalkapallo

サイクリング
pyöräily

テニス
tennis

バスケットボール
koripallo

水泳
uinti

ボクシング
nyrkkeily

アイスホッケー
jääkiekko

サッカー

jalkapallo

バドミントン

sulkapallo

陸上競技

yleisurheilu

ハンドボール

käsipallo

スキー

hiihto

ポロ

poolo

笑う
nauraa

跳ぶ
hypätä

抱きしめる
halata

歩く
kävellä

歌う
laulaa

夢見る
unelmoida

祈る
rukoilla

キス
suudella

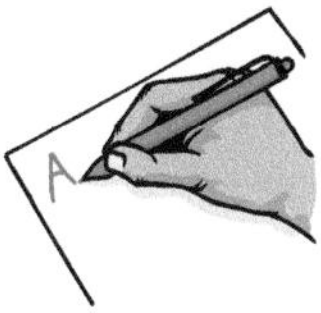

書く
kirjoittaa

描く
piirtää

示す
näyttää

押す
painaa

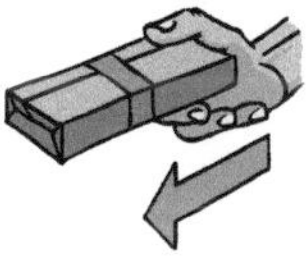

与える
antaa

取る
ottaa

持っている

omistaa

する

tehdä

ある

olla

立つ

seisoa

走る

juosta

引く

vetää

投げる

heittää

落ちる

kaatua

横たわっている

maata

待つ

odottaa

運ぶ

kantaa

座る

istua

着る

pukeutua

眠る

nukkua

目が覚める

herätä

見る

katsoa

泣く

itkeä

なでる

silittää

櫛ですく

kammata

話す

puhua

理解する

ymmärtää

質問する

kysyä

聞く

kuunnella

飲む

juoda

食べる

syödä

片づける

siivota

愛する

rakastaa

料理する

keittää

運転する

ajaa

飛ぶ

lentää

ヨットに乗る

purjehtia

計算する

laskea

読む

lukea

学ぶ

oppia

働く

työskennellä

結婚する

mennä naimisiin

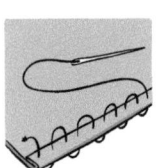

縫う

ommella

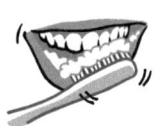

歯を磨く

pestä hampaat

殺す

tappaa

喫煙する

tupakoida

送る

lähettää

家族

perhe

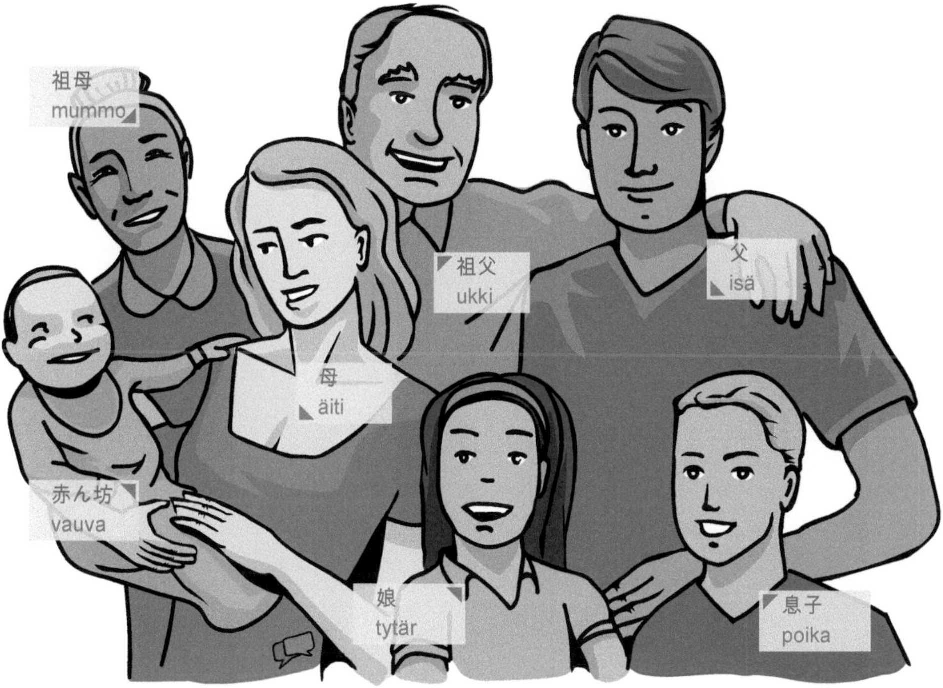

祖母
mummo
祖父
ukki
父
isä
母
äiti
赤ん坊
vauva
娘
tytär
息子
poika

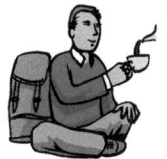

お客様

vieras

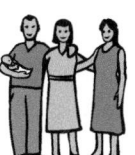

おば

täti

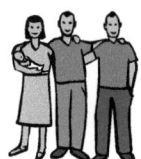

おじ

setä

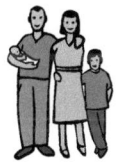

兄弟

veli

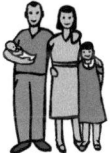

姉妹

sisko

体

vartalo

ひたい
otsa
目
silmä
肩
olkapää
指
sormet
顔
kasvot
あご
leuka
手
käsi
脚
jalka
胸
rinta
腕
käsivarsi

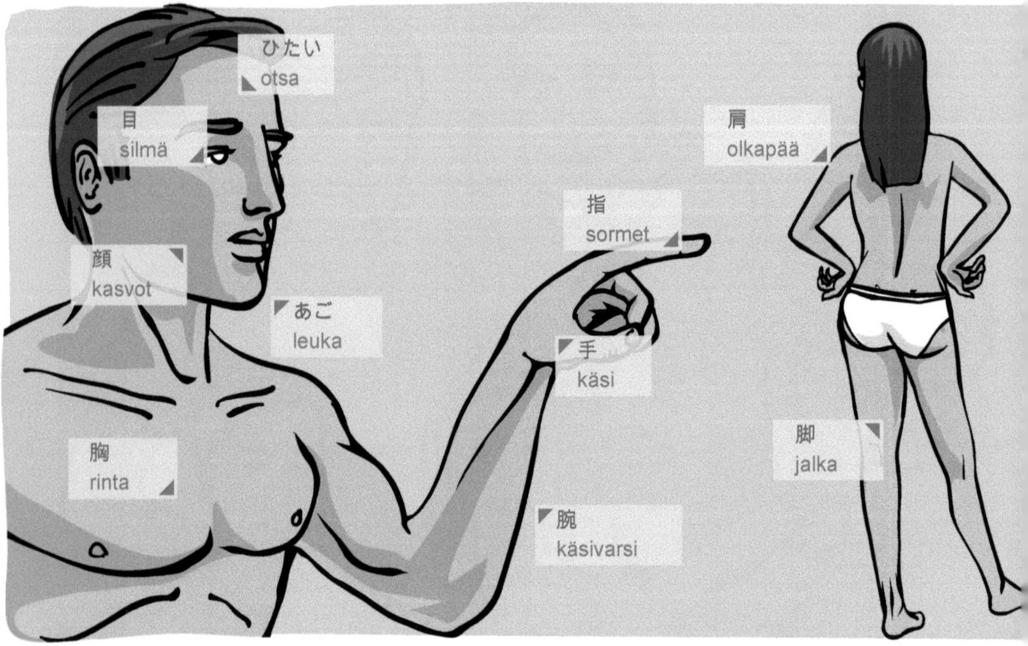

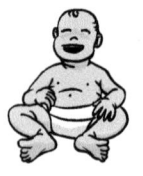

赤ん坊

vauva

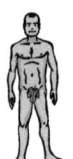

男性

mies

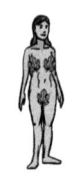

女性

nainen

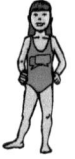

少女

tyttö

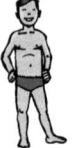

少年

poika

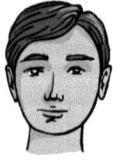

頭

pää

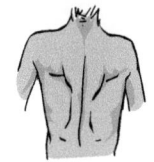

背中
selkä

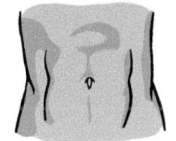

腹
maha

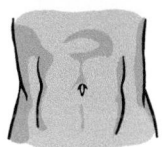

へそ
napa

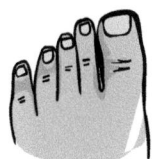

足指
varvas

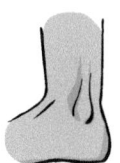

かかと
kantapää

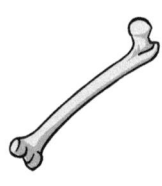

骨
luu

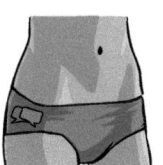

腰
lantio

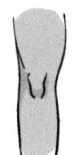

ひざ
polvi

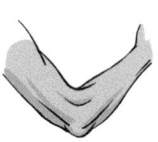

ひじ
kyynärpää

鼻
nenä

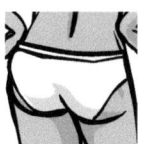

尻
takapuoli

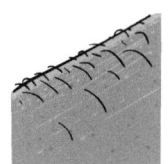

皮膚
iho

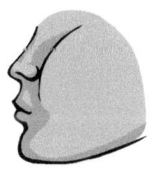

頬
poski

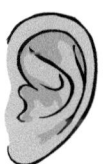

耳
korva

唇
huuli

体 - vartalo

口
suu

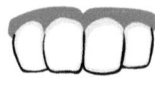

歯
hammas

舌
kieli

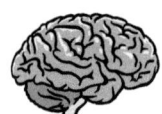

脳
aivot

心臓
sydän

筋肉
lihas

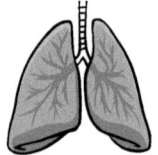

肺
keuhkot

肝臓
maksa

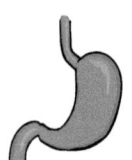

胃
vatsa

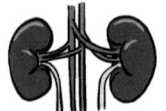

腎臓
munuaiset

セックス
seksi

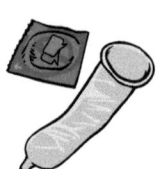

コンドーム
kondomi

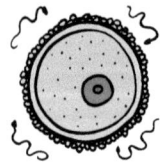

卵細胞
munasolu

精液
sperma

妊娠
raskaus

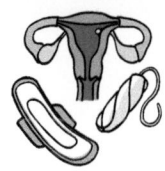

月経

kuukautiset

膣

vagina

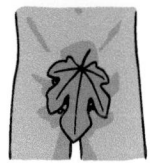

ペニス

penis

眉

kulmakarvat

髪

hiukset

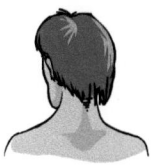

首

niska

病院

sairaala

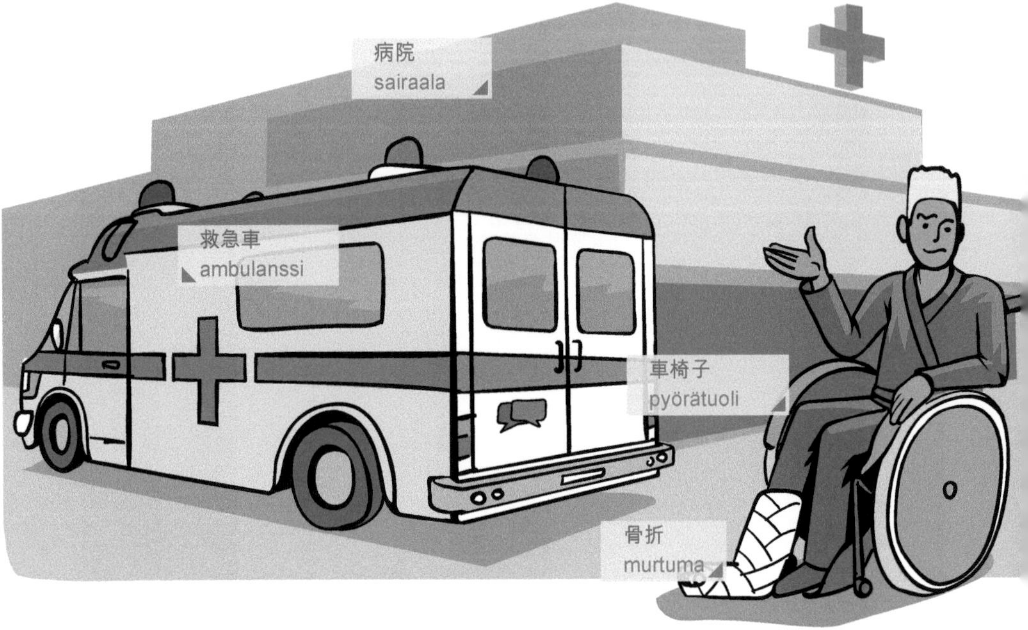

病院
sairaala
救急車
ambulanssi
車椅子
pyörätuoli
骨折
murtuma

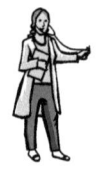

医師

lääkäri

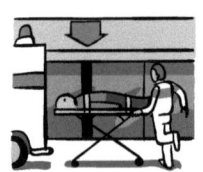

救急治療室

ensiapu

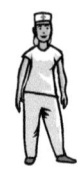

看護師

sairaanhoitaja

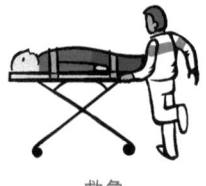

救急

hätätilanne

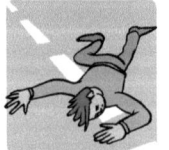

失神

tajuton

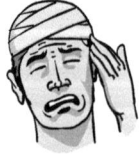

痛み

kipu

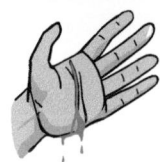

けが

vamma

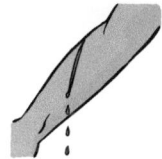

出血

verenvuoto

心臓発作

sydänkohtaus

脳卒中

aivoinfarkti

アレルギー

allergia

咳

yskä

熱

kuume

インフルエンザ

flunssa

下痢

ripuli

頭痛

päänsärky

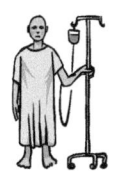

癌

syöpä

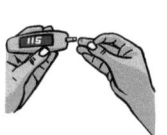

糖尿病

diabetes

外科医

kirurgi

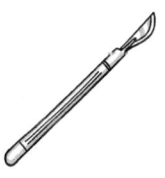

外科用メス

veitsi

手術

leikkaus

CT
ct

レントゲン
röntgen

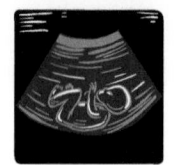

超音波
ultraääni

マスク
maski

病気
sairaus

待合室
odotushuone

松葉づえ
sauva

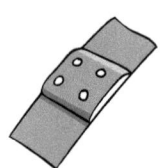

ばんそうこう
laastari

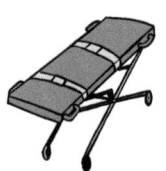

包帯
side

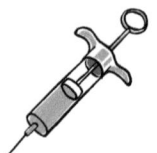

注射
pistos

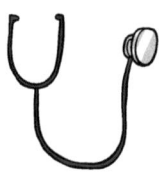

聴診器
stetoskooppi

担架
paarit

体温計
kuumemittari

出産
syntymä

肥満
ylipaino

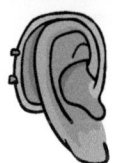

補聴器

kuulolaite

消毒剤

desinfiointiaine

感染

infektio

ウイルス

virus

HIV / エイズ

HIV / AIDS

内服薬

lääke

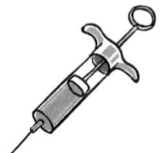

予防接種

rokotus

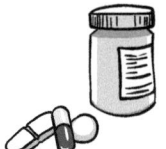

錠剤

tabletit

ピル

pilleri

緊急電話

hätäpuhelu

血圧計

verenpainemittari

病気の / 健康な

sairas / terve

助けて！

Apua!

アラーム

hälytys

暴行

ryöstö

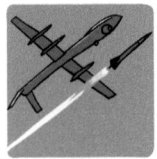

攻撃

hyökkäys

危険

vaara

非常口

hätäuloskäynti

火事だ！

Tulipalo!

消火器

palosammutin

事故

onnettomuus

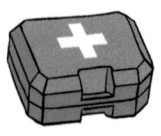

救急箱

ensiapulaukku

SOS

SOS

警察

poliisilaitos

ヨーロッパ
Eurooppa

北米
Pohjois-Amerikka

南米
Etelä-Amerikka

アフリカ
Afrikka

アジア
Aasia

オーストラリア
Australia

大西洋
Atlantin valtameri

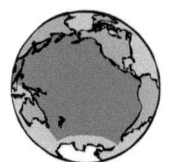

太平洋
Tyynimeri

インド洋
Intian valtameri

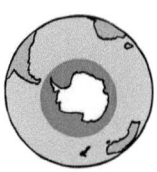

南極海
Eteläinen jäämeri

北極海
Pohjoinen jäämeri

北極
pohjoisnapa

南極

etelänapa

南極大陸

Antarktis

地球

maa

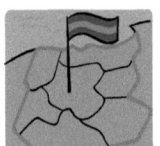

陸

maa

海

meri

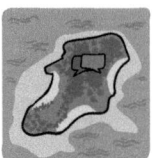

島

saari

国家

kansa

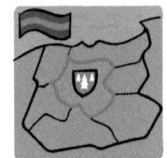

国家

osavaltio

文字盤

kellotaulu

短針

tuntiviisari

長針

minuuttiviisari

秒針

sekuntiviisari

何時ですか？

Paljonko kello on?

日

päivä

時間

aika

現在

nyt

デジタル時計

digitaalikello

分

minuutti

時間

tunti

週
viikko

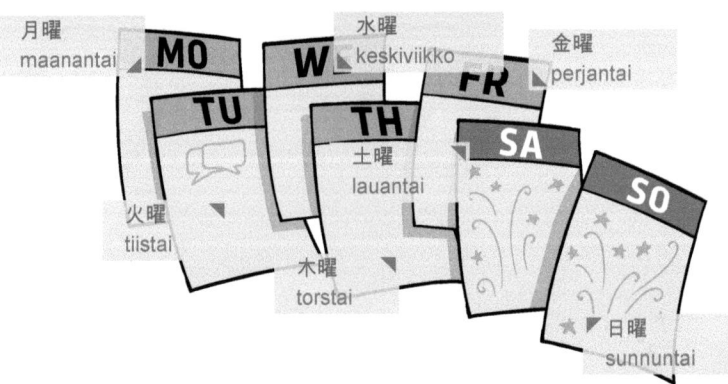

月曜 maanantai
水曜 keskiviikko
金曜 perjantai
火曜 tiistai
木曜 torstai
土曜 lauantai
日曜 sunnuntai

昨日

eilen

今日

tänään

明日

huomenna

朝

aamu

昼

keskipäivä

夜

ilta

MO	TU	WE	TH	FR	SA	SU
1	2	3	4	5	6	7
8	9	10	11	12	13	14
15	16	17	18	19	20	21
22	23	24	25	26	27	28
29	30	31	1	2	3	4

営業日

työpäivät

MO	TU	WE	TH	FR	SA	SU
1	2	3	4	5	6	7
8	9	10	11	12	13	14
15	16	17	18	19	20	21
22	23	24	25	26	27	28
29	30	31	1	2	3	4

週末

viikonloppu

年

vuosi

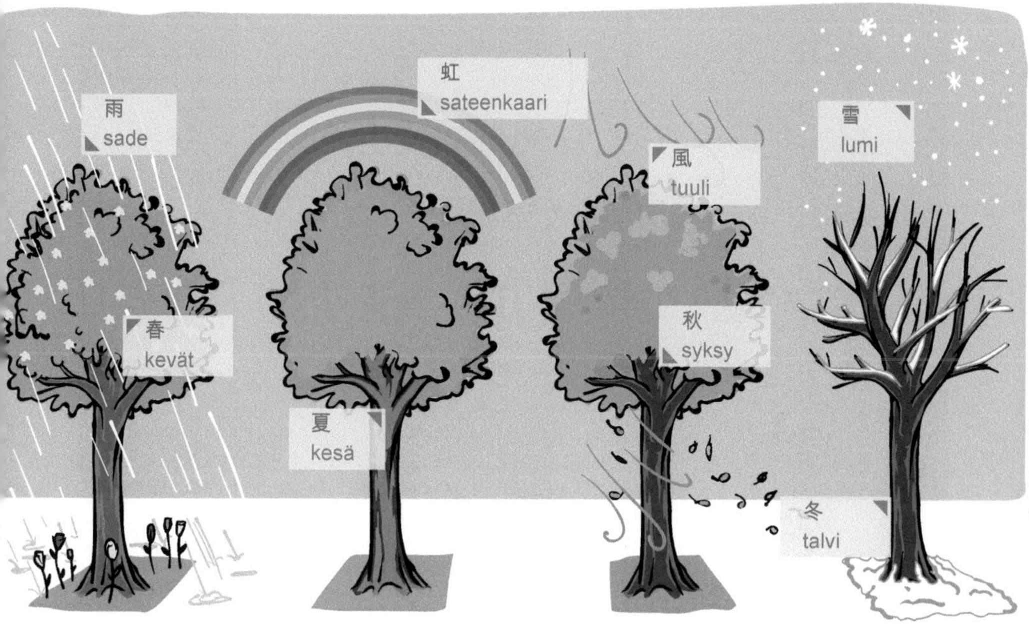

雨
sade
虹
sateenkaari
雪
lumi
風
tuuli
春
kevät
秋
syksy
夏
kesä
冬
talvi

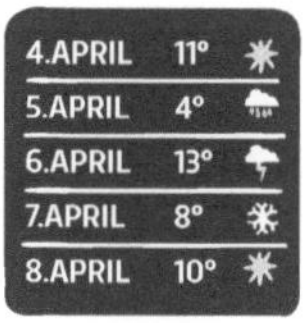

4.APRIL 11°
5.APRIL 4°
6.APRIL 13°
7.APRIL 8°
8.APRIL 10°

天気予報

sääennuste

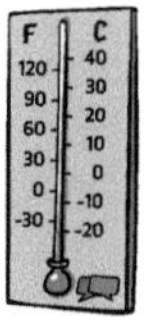

F
C
120
90
60
30
0
-30
40
30
20
10
0
-10
-20

温度計

lämpömittari

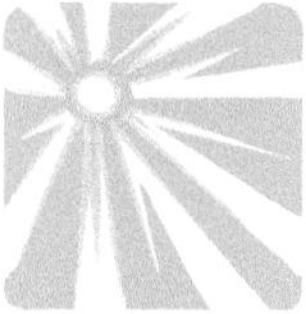

日差し

auringonpaiste

雲

pilvi

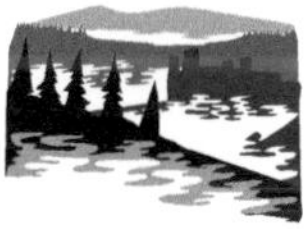

霧

sumu

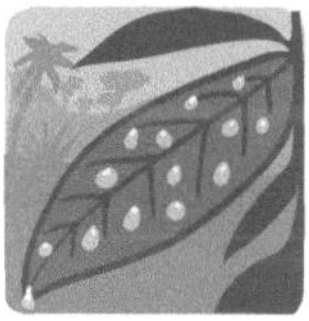

湿度

ilmankosteus

雷
salama

雷
ukkonen

嵐
myrsky

ひょう
rae

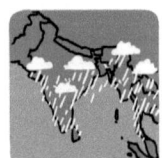

季節風
monsuuni

洪水
tulva

氷
jää

1月
tammikuu

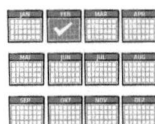

2月
helmikuu

3月
maaliskuu

4月
huhtikuu

5月
toukokuu

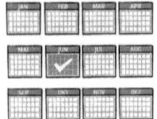

6月
kesäkuu

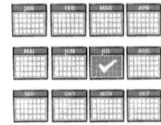

7月
heinäkuu

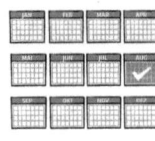

8月
elokuu

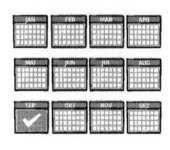

9月
....
syyskuu

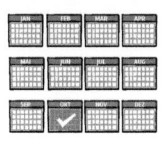

10月
....
lokakuu

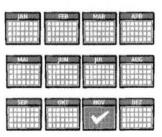

11月
....
marraskuu

12月
....
joulukuu

形
muodot

円
....
ympyrä

正方形
....
neliö

長方形
....
suorakulmio

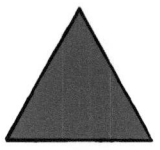

三角
....
kolmio

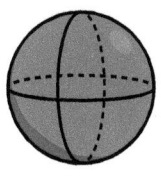

球
....
pallo

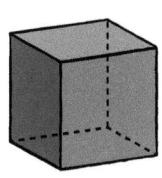

立方体
....
kuutio

白

valkoinen

黄

keltainen

オレンジ

oranssi

ピンク

vaaleanpunainen

赤

punainen

紫

violetti

青

sininen

緑

vihreä

茶

ruskea

灰色

harmaa

黒

musta

多い / 少ない

paljon / vähän

怒っている /
落ち着いでいる

vihainen / ystävällinen

美しい / 醜い

kaunis / ruma

初め / 終わり

alku / loppu

大きい / 小さい

suuri / pieni

明るい / 暗い

vaalea / tumma

兄弟 / 姉妹

veli / sisko

清潔な / 汚い

puhdas / likainen

完全な / 不完全な

täydellinen / epätäydellinen

日中 / 夜

päivä / yö

死んだ / 生きている

kuollut / elävä

幅広い / 狭い

leveä / kapea

食べられる　／
食べられない
syötävä / syömäkelvoton

悪意のある　／　親切な
paha / kiltti

興奮している　／
退屈じている
innostunut / tylsistynyt

太った　／　痩せた
lihava / laiha

最初に　／　最後に
ensimmäinen / viimeinen

友人　／　敵
ystävä / vihollinen

いっぱいの　／　空の
täysi / tyhjä

硬い　／　柔らかい
kova / pehmeä

重い　／　軽い
painava / kevyt

空腹　／　喉の渇き
nälkä / jano

病気の　／　健康な
sairas / terve

違法な　／　合法な
laiton / laillinen

賢い　／　愚かな
älykäs / tyhmä

左に　／　右に
vasen / oikea

近い　／　遠い
lähellä / kaukana

新しい / 中古の
uusi / käytetty

何もない / 何かある
ei mitään / jotain

老いた / 若い
vanha / nuori

オン / オフ
päällä / pois päältä

開いている /
閉まっている
auki / kiinni

静かな / うるさい
hiljainen / äänekäs

裕福な / 貧乏な
rikas / köyhä

正しい / 間違っている
oikein / väärin

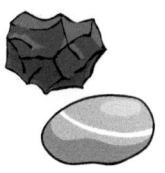

粗い / なめらか
karhea / sileä

悲しい / 幸せな
surullinen / iloinen

短い / 長い
lyhyt / pitkä

ゆっくり / 速い
hidas / nopea

濡れた / 乾いた
märkä / kuiva

温かい / 冷たい
lämmin / viileä

戦争 / 平和
sota / rauha

数

numerot

0	**1**	**2**
ゼロ	1	2
nolla	yksi	kaksi
3	**4**	**5**
3	4	5
kolme	neljä	viisi
6	**7**	**8**
6	7	8
kuusi	seitsemän	kahdeksan
9	**10**	**11**
9	10	11
yhdeksän	kymmenen	yksitoista

12	13	14
12	13	14
kaksitoista	kolmetoista	neljätoista

15	16	17
15	16	17
viisitoista	kuusitoista	seitsemäntoista

18	19	20
18	19	20
kahdeksantoista	yhdeksäntoista	kaksikymmentä

100	1.000	1.000.000
100	1000	100万
sata	tuhat	miljoona

英語

englanti

アメリカ英語

amerikanenglanti

中国標準語

mandariinikiina

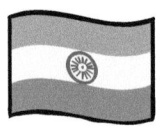

ヒンディー語

hindi

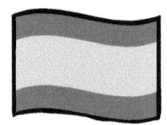

スペイン語

espanja

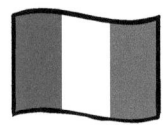

フランス語

ranska

アラビア語

arabia

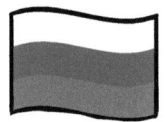

ロシア語

venäjä

ポルトガル語

portugali

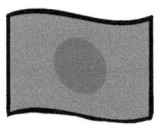

ベンガル語

bengali

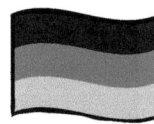

ドイツ語

saksa

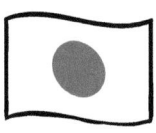

日本語

japani

私
minä

あなた
sinä

彼 / 彼女 / それ
hän

私たち
me

あなたたち
te

彼ら
he

誰？
kuka?

何？
mitä / mikä?

どうやって？
miten?

どこ？
missä?

いつ？
milloin?

名前
nimi

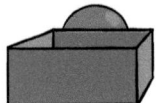

後ろ

takana

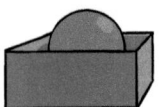

中

sisällä

前

edessä

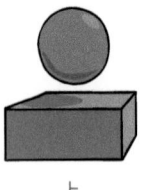

上

yläpuolella

上

päällä

下

alapuolella

横

vieressä

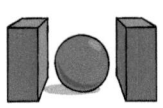

間

välissä

場所

paikka